LÈVE TOI ET BRILLE

Le guide complet pour libérer sa confiance en soi et affronter ses peurs

Self-Rise

Sommaire

Introduction

A. Définition de la confiance en soi

La confiance en soi est définie comme la conviction qu'on a en ses capacités et en sa valeur, aussi bien personnellement que professionnellement.

C'est une confiance en soi qui peut être plus ou moins forte et qui peut fluctuer en fonction des circonstances et des expériences. Elle est liée à la fois à la pensée positive et à la motivation.

Les personnes ayant une forte confiance en elles-mêmes sont plus à même de s'accomplir, d'atteindre leurs objectifs et de profiter pleinement de la vie.

B. Importance de la confiance en soi

La confiance en soi est essentielle pour mener une vie épanouie., les personnes ayant une forte confiance en elles ont tendance à être plus heureuses et à mieux performer dans toutes sortes de domaines, comparativement à ceux qui en manquent. Ainsi, ceux qui ont une forte confiance en eux sont également plus à même de s'accomplir et de profiter pleinement de leur vie.

La confiance en soi est étroitement liée à la capacité des individus à bien gérer leurs émotions et à prendre des décisions judicieuses. Les personnes qui avaient la plus grande confiance en soi étaient en mesure de prendre des décisions plus judicieuses et de gérer leurs émotions plus efficacement que celles qui en manquaient.

En bref, la confiance en soi est essentielle pour s'accomplir personnellement et professionnellement et pour mener une vie heureuse et épanouie. C'est une qualité qui peut être développée et qui peut être renforcée grâce à un certain nombre de stratégies et d'exercices.

Se connaître soi-même, apprendre à accepter et à valoriser ses forces et ses réalisations, apprendre à gérer ses émotions et à prendre des décisions judicieuses, et apprendre à s'affirmer et à affronter ses peurs sont quelques-uns des moyens par lesquels on peut améliorer sa confiance en soi.

De plus, des stratégies telles que la méditation, la visualisation positive, l'exercice physique et l'engagement dans des activités sociales peuvent aider à renforcer la confiance en soi. Plus important encore, l'encouragement et le soutien des autres peuvent également contribuer à développer et à renforcer la confiance en soi.

Nous développerons certaines de ces techniques par la suite dans ce guide.

C. Objectifs du guide

Ce livre a pour objectif de fournir des outils concrets et des stratégies pratiques pour développer la confiance en soi. Il s'adresse à ceux qui souhaitent renforcer leur estime de soi, améliorer leur assertivité et cultiver des relations positives.

Le but est de montrer comment comprendre et gérer ses pensées et croyances, comment améliorer son estime de soi, comment faire face à ses peurs et incertitudes, comment développer son assertivité et comment renforcer son réseau social.

Le guide s'appuie sur des principes de psychologie positive, de développement personnel et de relations interpersonnelles pour aider les lecteurs à renforcer leur confiance en eux-mêmes. Il est écrit d'une manière accessible et concrète, pour que vous puissiez mettre en pratique les conseils et les stratégies proposées.

En fin de compte, l'objectif de ce guide est vous donner les moyens de renforcer leur confiance en eux-mêmes et de leur permettre de mener une vie plus heureuse, plus épanouissante et plus satisfaisante.

____

Comprendre les causes du manque de confiance en soi

A. Les croyances limitantes

Les croyances limitantes sont des pensées négatives sur soi-même qui peuvent avoir un impact négatif sur la confiance en soi. Elles peuvent être le résultat d'expériences négatives dans le passé, de commentaires négatifs de la part d'autres personnes ou simplement d'un manque de compréhension de soi-même. Bien qu'ils ne représentent pas toujours la réalité, les sentiments et l'attitude associés à ces croyances peuvent être très puissants et avoir des conséquences néfastes sur la vie d'une personne.

Par exemple, si une personne a grandi avec l'idée qu'elle ne peut jamais réussir par elle-même, elle pourrait se retrouver à douter constamment de ses propres aptitudes. Cette croyance limitante pourrait alors entraver sa capacité à accepter des défis stimulants ou à rechercher activement des opportunités de croissance personnelle et professionnelle - même si elle est en mesure d'atteindre son objectif final.

Voici quelques exemples de croyances limitantes courantes :
- *"Je ne suis pas assez bon."*
- *"Je ne peux pas réussir."*
- *"Je suis toujours rejeté."*
- *"Je ne mérite pas d'être heureux.*

Voici un processus simple pour identifier et éliminer les croyances limitantes :

- **Prenez conscience de vos pensées négatives :** Écrivez vos pensées négatives récurrentes sur un papier. Essayez de les classer en catégories telles que l'estime de soi, les relations, le succès, etc.

- **Évaluez la validité de vos pensées :** Pour chaque croyance limitante, examinez si elle est fondée sur des faits réels ou sur des interprétations négatives. Posez-vous des questions telles que "Est-ce vrai pour toutes les situations?" ou "Est-ce une réflexion objective sur moi-même ?"

- **Remplacez les pensées négatives par des pensées positives :** Pour chaque croyance limitante, écrivez une pensée positive qui la contrecarre. Par exemple, si votre croyance limitante est "Je ne suis pas assez bon", remplacez-la par "Je suis capable de réussir avec de l'effort et de la persévérance."

- **Pratiquez les nouvelles pensées positives :** Répétez régulièrement vos nouvelles pensées positives jusqu'à ce qu'elles deviennent une habitude. Écrivez-les sur un papier ou utilisez une application pour vous aider à vous les rappeler.

Il est important de comprendre que ces croyances limitantes ne sont souvent pas fondées sur des faits réels, mais plutôt sur des interprétations négatives de situations ou d'expériences passées.

En identifiant ces croyances limitantes, vous pouvez commencer à les remettre en question et à les remplacer par des pensées plus positives et constructives. Cela peut aider à augmenter la confiance en soi et à améliorer la façon dont vous vous percevez et comment vous abordez les défis de la vie.

Rappelez-vous que vous êtes maître de votre destin ! Vous avez le pouvoir inestimable d'influer sur votre propre attitude et votre perception du monde autour de vous. Quel que soit le message que vous recevez des autres ou les traverses que la vie vous impose, gardez toujours à l'esprit que la meilleure personne pour prendre soin de vos intérêts est... VOUS !

———————————————

B. Les expériences négatives

Le manque de confiance en soi est aussi souvent causé par des expériences négatives. Ces expériences peuvent être des échecs, des rejets, des critiques ou toute autre situation dans laquelle on ne se sent pas à la hauteur. Ces expériences peuvent avoir un impact négatif sur l'estime de soi et la confiance en soi. Les expériences négatives peuvent particulièrement être difficiles à surmonter lorsqu'elles sont répétées ou lorsqu'elles viennent de personnes importantes dans la vie.

Par exemple, si vous avez été rejeté dans le passé, vous pourriez croire que vous n'êtes pas digne d'être aimé ou apprécié. Ou, si vous avez échoué à un examen ou à un entretien d'embauche, vous pourriez croire que vous n'êtes pas capable de réussir.

Il est crucial de se rappeler que les échecs et les rejets font partie de la vie. Tout le monde fait face à des difficultés et à des épreuves. Ce qui compte, c'est comment on réagit aux échecs et aux rejets. Les personnes qui ont confiance en elles acceptent leurs échecs et apprennent de leurs erreurs. Elles se concentrent sur leurs réussites et se fixent des objectifs réalistes. Les personnes qui ont confiance en elles ont également tendance à être plus ouvertes aux compliments et aux encouragements. Elles acceptent le fait qu'elles ne sont pas parfaites et ne cherchent pas à plaire à tous.

En somme, les expériences négatives peuvent affecter notre confiance en nous, mais nous pouvons les surmonter en travaillant sur notre attitude face aux défis et en nous concentrant sur nos réussites.

C. Les comparaisons constantes

Pour développer notre confiance en nous, il est important de réduire ou d'arrêter complètement les comparaisons constantes. Nous vivons dans une société où l'apparence est souvent très valorisée, où les médias et réseaux sociaux nous bombardent constamment de messages nous encourageant à nous comparer aux autres.

Ce genre de comparaisons est particulièrement dommageable pour notre confiance en nous, car nous sommes constamment en train de nous comparer à des personnes qui, dans la plupart des cas, sont soit irréels, soit inatteignables.

Il est aussi important de comprendre que nous ne connaissons généralement qu'une petite partie de la vie des autres, et que les réalisations et les apparences ne sont souvent qu'une façade qui masque les problèmes, les défis et les peurs. En comparant notre vie à celle des autres, nous manquons souvent les choses positives et les réalisations importantes que nous avons accomplies dans notre propre vie.

Les comparaisons constantes peuvent avoir plusieurs effets négatifs sur notre confiance en nous. Tout d'abord, elles nous font toujours nous sentir inférieurs aux autres et nous font douter de nos propres capacités. Ensuite, elles peuvent aussi entraîner une perte d'estime de soi, car nous commençons à croire que les autres sont toujours meilleurs que nous. Enfin, les comparaisons constantes peuvent aussi entraîner un sentiment d'isolement et de solitude, parce que nous commençons à croire que personne ne peut comprendre ce que nous ressentons.

Heureusement, il existe plusieurs moyens de surmonter le manque de confiance en soi causé par les comparaisons constantes. Tout d'abord, il est important de se rappeler que les autres ne sont pas toujours aussi parfaits qu'ils le paraissent et que la plupart des gens rencontrent des difficultés semblables aux nôtres.

Ensuite, il est crucial de se concentrer sur nos propres qualités et de travailler à les améliorer. Enfin, il est aussi crucial de trouver des personnes dont on se sent proche et avec qui nous pouvons partager nos sentiments sans crainte d'être jugé.

A. Exercices pour améliorer l'estime de soi

L'estime de soi est un aspect crucial de la confiance en soi. Il s'agit de la façon dont nous nous percevons et de la façon dont nous jugeons notre propre valeur. L'une des meilleures manières d'améliorer l'estime de soi est de pratiquer des exercices spécifiques destinés à renforcer la confiance en soi. Les exercices peuvent varier en fonction des individus et de leurs objectifs personnels, mais voici quelques idées qui peuvent être utiles pour tout le monde :

- **Écrire et répéter des affirmations positives :** Écrivez des affirmations positives sur des feuilles de papier et placez-les en endroits visibles dans votre maison ou votre lieu de travail. Répétez ces affirmations à voix haute tous les jours pour vous rappeler que vous êtes capable et digne. Mais ne vous contentez pas de répéter ces affirmations, quand vous les prononcez, ressentez les en vous et soyez convaincus de ce que vous dites. Cette technique utilise l'autosuggestion, méthode très efficace pour supprimer les croyances limitantes et améliorer l'estime de soi.

- **Visualiser votre succès :** Fermez les yeux et visualisez-vous réussissant dans un domaine particulier de votre vie. Imaginez-vous vivant avec confiance et assurance dans cette situation. Cet exercice peut vous aider à vous sentir plus confiant lorsque vous serez confronté à une situation similaire dans la vie réelle. Cette méthode est aussi particulièrement utile avant un événement stressant (examens, entretiens d'embauche...)

- **Se fixer des objectifs réalisables :** Établissez des objectifs réalisables pour vous-même et travaillez dur pour les atteindre. En atteignant ces objectifs, vous vous sentirez plus capable et plus digne de confiance. Attention à ne pas se fixer des objectifs trop optimistes, sinon cela pourrait mener à l'effet inverse. Pour fixer vos objectifs, vous pouvez utiliser la méthode « **SMART** » : Spécifique, mesurable, atteignable, réaliste, temporellement défini.

- **Se concentrer sur ses réussites :** Prenez le temps de vous rappeler de vos réussites passées et de célébrer vos accomplissements peut nous aider à nous sentir plus confiants lorsque nous serons confrontés à de nouveaux défis. Cela peut également renforcer votre estime de soi en vous rappelant les choses que vous avez réussies dans le passé et en nous donnant la force de relever de nouveaux défis dans l'avenir.

B. Apprendre à se concentrer sur les forces et les talents

La confiance en soi vient de la reconnaissance de ses propres forces et talents. Il est facile de se concentrer sur nos erreurs et nos faiblesses, mais cela peut entraver notre confiance en nous en laissant un sentiment d'insuffisance et d'incapacité. Au lieu de cela, il est important de se concentrer sur nos forces et nos talents pour développer notre confiance en soi. En faisant cela, vous vous sentirez plus capable et plus digne de confiance. Voici quelques conseils pour vous aider à vous concentrer sur vos forces et vos talents :

- **Commencez par écrire une liste de vos forces et de vos talents :** Prenez le temps d'y réfléchir. Cela peut inclure des compétences professionnelles telles que la capacité à travailler en équipe ou à résoudre des problèmes complexes, des qualités personnelles telles que la gentillesse, l'empathie ou la créativité, ainsi que des centres d'intérêt tels que le sport, la musique ou les arts. Une fois que vous avez écrit votre liste, assurez-vous de la conserver près de vous pour vous y référer régulièrement.

- **Soyez conscient de vos forces et de vos talents :** Une fois que vous avez écrit votre liste, il est important de prendre le temps de vous la rappeler tous les jours dans un premier temps (ou au pire une fois par semaine). Cela peut vous aider à vous sentir plus confiant dans les situations difficiles et à vous rappeler vos capacités. Vous pouvez faire cela en lisant votre liste tous les matins ou en la mettant en évidence dans votre espace de travail.

- **Pratiquez vos forces et vos talents :** Prenez le temps de pratiquer le plus souvent possible. Si vous avez des compétences professionnelles, trouvez des opportunités pour les utiliser dans votre travail. Si vous avez des qualités personnelles, trouvez des moyens de les montrer dans votre vie quotidienne. Si vous êtes doué pour la musique, prenez le temps de jouer de votre instrument préféré. Si vous êtes doué pour les mathématiques, prenez le temps de résoudre des problèmes complexes. Cela vous aidera à vous sentir plus confiant et à renforcer votre estime de vous.

Cependant, en nous concentrant sur nos forces et nos talents, nous pouvons minimiser l'impact des erreurs sur notre confiance en nous. Il est donc également important de reconnaître que nous ne sommes pas parfaits et que nous ferons des erreurs. Au lieu de nous concentrer sur nos erreurs, nous pouvons nous concentrer sur nos réalisations et nos réussites, mais attention à ne pas tomber dans un extrême.

C. Améliorer la communication pour renforcer la confiance en soi

La communication est un aspect crucial pour renforcer votre confiance en vous. C'est la façon dont vous vous présentez aux autres et comment vous vous exprimez qui peut affecter votre confiance en soi. Les conseils suivants peuvent vous aider à améliorer votre communication et à vous sentir plus confiant :

- **Écoutez attentivement :** Écouter attentivement les autres est un élément clé pour renforcer votre confiance en vous. Cela montre que vous êtes présent dans la conversation, que vous êtes intéressé par ce que les autres ont à dire et que vous êtes conscient de leurs perspectives. Cela peut aussi vous donner plus d'informations sur la personne avec qui vous parlez, ce qui peut vous aider à vous sentir plus à l'aise dans les interactions sociales

- Parlez avec assurance : Parler avec assurance peut renforcer votre confiance en vous. Utilisez une voix forte et claire, maintenez un bon contact visuel et articulez clairement vos idées. Cela peut vous aider à vous sentir plus capable et digne de confiance dans les situations sociales. Si vous avez du mal à regarder quelqu'un dans les yeux vous pouvez dans un premier temps fixer un point sur le haut de son visage (par exemple le haut du nez) ou encore se focaliser sur un œil et changer d'œil toutes les 10 secondes.

- Soyez clair et direct : La clarté et la directivité sont essentielles pour renforcer votre confiance en vous. Si vous êtes clair et direct dans votre communication, vous êtes plus susceptible de vous faire comprendre et de ne pas avoir de malentendus. Cela peut vous aider à vous sentir plus confiant dans les interactions sociales et professionnelles.

- Évitez les comportements de fuite : Les comportements de fuite peuvent être néfastes pour votre confiance en vous. Évitez d'éviter les situations sociales ou de fuir les conversations difficiles. Au lieu de cela, affrontez les défis avec courage et en toute confiance. Cela peut vous aider à vous sentir plus capable et plus digne de confiance dans les situations sociales et professionnelles.

Améliorer votre communication est un élément clé pour renforcer votre confiance en vous. Écoutez attentivement, parlez avec assurance, soyez clair et direct, et évitez les comportements de fuite pour vous sentir plus confiant dans les situations sociales et professionnelles. Prenez le temps de pratiquer ces conseils pour voir une différence significative dans votre confiance en vous.

D. Travailler les pensées négatives

Les pensées négatives peuvent être un obstacle majeur pour développer la confiance en soi. Si vous voulez vous sentir plus confiant et plus en sécurité dans votre vie quotidienne, il est important de travailler sur vos pensées négatives. Voici quelques conseils pour vous aider à éliminer les pensées négatives et à renforcer votre confiance en vous :

———————————————

1. Pratiquez la remise en question de vos pensées négatives : La première étape pour éliminer les pensées négatives est de devenir conscient de leur existence. Prenez le temps de remettre en question vos pensées négatives et de vous demander si elles sont réellement fondées. Il est possible que vous ayez tendance à exagérer ou à vous sous-estimer, ce qui peut vous amener à avoir des pensées négatives sur vous-même.

2. Remplacez les pensées négatives par des pensées positives : Une fois que vous avez remis en question vos pensées négatives, il est important de les remplacer par des pensées positives. Par exemple, au lieu de vous dire "Je suis nul", dites-vous "Je suis capable et digne". Ce simple changement de langage peut faire une grande différence dans votre façon de vous sentir et dans votre confiance en vous.

3. Pratiquez la gratitude : La pratique de la gratitude est un excellent moyen de vous concentrer sur les choses positives dans votre vie et d'éliminer les pensées négatives. Prenez le temps de réfléchir à ce pour quoi vous êtes reconnaissant chaque jour, que ce soit de petites choses comme un bon repas ou de grandes réalisations comme un emploi ou une relation heureuse. Essayez de trouver au moins 3 éléments positifs par jour et de les notes, soit sur un carnet soit dans les notes de votre téléphone, pour pouvoir les relire plus tard.

4. Évitez les comportements de fuite : Les comportements de fuite peuvent alimenter les pensées négatives et vous faire perdre confiance en vous. Il est important d'éviter de fuir les situations difficiles ou de réduire vos activités. Au lieu de cela, engagez-vous dans des activités qui vous font vous sentir bien et confiant, telles que le sport ou les activités artistiques.

5. Entourez-vous de personnes positives : L'entourage a un impact important sur notre humeur et notre confiance en nous. Il est important d'entourer vous de personnes positives qui vous soutiennent et vous encouragent dans vos projets. Évitez les personnes négatives qui peuvent vous décourager ou vous critiquer. Comme le dit l'expression : « Nous sommes la moyenne des 5 personnes que nous côtoyons le plus ».

Affronter ses peurs et ses incertitudes

A. Comment gérer l'anxiété et la peur

L'anxiété et la peur sont des émotions courantes que nous pouvons tous ressentir à un moment ou à un autre dans notre vie. Elles peuvent être causées par une situation stressante ou effrayante, ou par des pensées négatives sur nous-mêmes et notre capacité à faire face à cette situation. Cependant, ces émotions peuvent aussi nous empêcher de prendre des risques, de sortir de notre zone de confort et d'atteindre nos objectifs. C'est pourquoi il est important de comprendre comment gérer l'anxiété et la peur pour développer notre confiance en nous.

Il existe plusieurs techniques pour gérer l'anxiété et la peur qui peuvent aider à les surmonter. Tout d'abord, la respiration profonde peut être très utile pour calmer le corps et l'esprit lorsque nous sommes anxieux ou effrayés. En respirant lentement et profondément, nous pouvons aider à réguler notre rythme cardiaque et à réduire notre niveau d'anxiété. La visualisation positive est une autre technique qui peut aider à surmonter la peur. En visualisant une situation anxiogène de manière positive, nous pouvons la rendre moins effrayante et plus gérable. L'exercice physique est également un moyen efficace de gérer l'anxiété et la peur. L'exercice peut aider à libérer le stress et à réduire l'anxiété en augmentant les niveaux d'endorphines, les hormones du bien-être. Enfin, si vous avez du mal à gérer votre anxiété ou votre peur, il peut être bénéfique de consulter un thérapeute comme un psychologue. Un psychologue peut vous aider à comprendre les causes de votre anxiété et de votre peur, ainsi que les techniques pour les gérer.

Il est important de se rappeler que l'anxiété et la peur font partie de la vie et qu'il est normal de les ressentir à un moment ou à un autre. Cependant, en comprenant comment gérer ces émotions, nous pouvons les surmonter et développer notre confiance en nous. En utilisant les techniques mentionnées ci-dessus, nous pouvons apprendre à faire face à nos peurs et à nos incertitudes, et ainsi grandir et nous développer en tant que personnes confiantes.

B. Affronter les situations difficiles de manière efficace

Les situations difficiles peuvent être stressantes et effrayantes, mais elles sont inévitables dans la vie. Elles peuvent être un défi pour notre confiance en nous, mais en les affrontant de manière efficace, nous pouvons développer notre confiance et notre estime de nous-mêmes. Voici quelques étapes pour affronter les situations difficiles de manière efficace :

Se préparer : La préparation peut aider à réduire le stress et à améliorer notre confiance en nous. Prenez le temps de vous informer sur la situation, de vous entraîner à répondre à des questions potentielles et de vous préparer mentalement pour la situation. Vous pouvez également vous entourer de personnes positives et bienveillantes pour vous soutenir.

Se concentrer sur le moment présent : L'anxiété peut s'accumuler lorsque nous pensons à l'avenir ou au passé. Se concentrer sur le moment présent peut aider à minimiser l'anxiété et à améliorer notre capacité à faire face à la situation. Prenez une respiration profonde et concentrez-vous sur l'ici et maintenant.

Se rappeler de ses réussites passées : Il est important de se rappeler de nos réussites antérieures pour nous donner confiance en notre capacité à faire face à des situations difficiles. Pensez à des moments où vous avez réussi à surmonter une situation difficile ou à atteindre un objectif important.

Demander de l'aide si nécessaire : Il n'y a rien de mal à demander de l'aide si vous vous sentez dépassé par une situation. Il peut s'agir de parler à un ami proche, à un membre de votre famille ou à un professionnel. Les personnes ressources peuvent vous aider à voir les choses sous un autre angle et à trouver des solutions pour faire face à la situation.

C. Comment faire face à l'échec

Les erreurs et les échecs font partie intégrante de la vie et peuvent être de grands obstacles pour développer notre confiance en nous. Cependant, en apprenant à gérer ces situations de manière positive, nous pouvons développer notre confiance en nous et en nos capacités. Voici quelques astuces pour gérer les erreurs et les échecs :

- **Reconnaître ses erreurs et accepter les conséquences :** Il est important de reconnaître ses erreurs et de les accepter plutôt que de les nier ou de les minimiser. En acceptant nos erreurs, nous pouvons apprendre de nos erreurs, les corriger et éviter de les répéter à l'avenir. Il est important de ne pas être trop dur avec soi-même et de ne pas se blâmer excessivement. L'autocritique peut nuire à notre confiance en nous et il est important de se rappeler que l'échec fait partie du processus d'apprentissage.

- **Se concentrer sur les actions positives à venir :** En lieu et place de se concentrer sur l'échec ou les erreurs passées, il est préférable de se concentrer sur les actions positives à venir. En se concentrant sur les actions positives à venir, nous pouvons développer notre confiance en nous concentrant sur les défis à relever et les objectifs à atteindre.

- **Demander un feedback constructif :** Demander un feedback constructif de la part de personnes de confiance peut être très bénéfique pour développer notre confiance en nous. En demandant un feedback constructif, nous pouvons comprendre ce que nous pouvons faire pour éviter les erreurs et les échecs futurs. Le feedback constructif peut nous aider à identifier nos forces et nos faiblesses et à nous améliorer. Il est important de sélectionner les personnes qui peuvent nous fournir un feedback constructif et de ne pas hésiter à le demander.

En gérant les erreurs et les échecs de manière positive, nous pouvons développer notre confiance en nous et en nos capacités. En acceptant nos erreurs, en nous concentrant sur les actions positives à venir et en demandant un feedback constructif, nous pouvons grandir et devenir plus confiants dans nos décisions et nos actions.

———————————

C'est en prenant des risques et en affrontant nos défis que nous pouvons développer notre confiance en nous. Il est important de se rappeler que les erreurs et les échecs sont inévitables et que la clé est de les gérer de manière positive pour pouvoir les surmonter et progresser.

D. Comment gérer les critiques pour développer sa confiance en soi

Les critiques peuvent parfois être difficiles à gérer, surtout lorsqu'elles sont négatives et/ou injustifiées. Cependant, les critiques peuvent également être une opportunité pour développer notre confiance en nous. Pour gérer les critiques efficacement, il est important de comprendre comment les percevoir et les utiliser pour notre avantage.

La première étape pour gérer les critiques est de se concentrer sur ce qui est constructif. Les critiques peuvent souvent être teintées de négativité, mais il est important de faire la distinction entre les commentaires négatifs et les commentaires constructifs. Les commentaires constructifs peuvent nous aider à améliorer nos compétences et à développer notre confiance en nous. En nous concentrant sur les éléments constructifs des critiques, nous pouvons les utiliser pour progresser et grandir.

Il est par ailleurs important de ne pas prendre les critiques personnellement. Les critiques sont généralement basées sur les opinions d'autrui et ne reflètent pas nécessairement la réalité. En ne prenant pas les critiques personnellement, nous pouvons nous concentrer sur les actions positives à venir au lieu de nous laisser décourager par les commentaires négatifs. Nous pouvons également nous rappeler que les commentaires négatifs ne définissent pas qui nous sommes en tant qu'individu.

Enfin, nous pouvons demander des critiques supplémentaires pour obtenir un point de vue plus complet. Les critiques peuvent souvent être limitées par la perspective de la personne qui les donne, et en demandant des critiques supplémentaires, nous pouvons obtenir une vue d'ensemble plus complète de nos forces et de nos faiblesses. Cela peut nous aider à développer notre confiance en nous, en nous permettant de voir où nous sommes forts et où nous pouvons progresser.

En gérant les critiques de manière efficace, nous pouvons développer notre confiance en nous. En apprenant à les percevoir de manière positive, nous pouvons les utiliser pour progresser et grandir en tant qu'individus. Nous pouvons également apprendre à ne pas les prendre personnellement, ce qui peut nous aider à rester concentrés sur nos objectifs et à ne pas être découragés par les commentaires négatifs. Enfin, en demandant des critiques supplémentaires, nous pouvons obtenir une vue d'ensemble plus complète de nos compétences et de nos capacités, ce qui peut nous aider à développer notre confiance en nous.

Développer son assertivité

A. Définition de l'assertivité

L'assertivité est un style de communication qui met en balance les besoins et les opinions de soi avec ceux des autres. Il s'agit d'une manière respectueuse et ouverte d'exprimer ses pensées, sentiments et opinions sans agresser ou humilier les autres. L'assertivité implique la capacité à dire "non" de manière claire et ferme lorsque cela est nécessaire, sans se sentir coupable ou anxieux.

L'assertivité est donc une compétence clé pour développer sa confiance en soi. Cela signifie que l'on peut s'exprimer de manière claire, directe et respectueuse sans faire passer ses propres besoins et opinions en dernier plan. Le manque d'assertivité peut causer des conflits inutiles, des relations tendues et une frustration accrue.

B. Comment s'exprimer de manière assertive

S'exprimer de manière assertive peut sembler difficile à mettre en pratique, surtout lorsque nous nous retrouvons dans des situations stressantes, mais en travaillant sur cette compétence, nous pouvons renforcer notre confiance en nous et améliorer nos relations avec les autres. Voici quelques étapes à mettre en place pour s'exprimer de manière assertive :

Définir clairement ses besoins et opinions : Avant de s'exprimer, il est important de prendre du temps pour réfléchir à ce que l'on veut dire et à ce que l'on attend de la situation. Cela peut impliquer de noter ses pensées et sentiments afin de les clarifier pour soi-même, ou d'en parler à un ami ou un conseiller pour les débattre. En ayant une image claire de ce que nous voulons dire, nous serons mieux préparés pour nous exprimer de manière assertive.

Parler de manière claire et directe : Il est important de s'exprimer de manière concise et directe, sans être agressif ou sarcastique. Nous pouvons utiliser des phrases telles que "Je pense que..." ou "Je ressens..." pour introduire notre point de vue de manière calme et respectueuse. Évitez les généralisations et les accusations, et concentrez-vous sur vos propres sentiments et besoins.

Écouter les autres : Pour être assertif, il est important de respecter les opinions et les besoins des autres. Écoutez-les attentivement et montrez-leur que vous les comprenez. Cela peut signifier hochement de tête ou répéter ce qu'ils viennent de dire pour montrer que vous êtes à l'écoute. Cela peut également impliquer de poser des questions pour clarifier leur point de vue ou leur sentiment, de plus ceux-ci se sentiront mieux écouté et compris.

Garder le contrôle de ses émotions : Lorsque nous nous exprimons de manière assertive, il est important de ne pas laisser nos émotions prendre le dessus. Gardez un ton calme et ferme, et évitez de vous laisser submerger par la colère ou la frustration. Si nécessaire, prenez une pause pour vous calmer et respirer profondément avant de poursuivre la conversation.

En travaillant sur ces étapes, vous vous familiariserez avec le processus de communication assertive, et vous trouverez peut-être que cela deviendra de plus en plus naturel au fil du temps. En vous exprimant de manière assertive, vous démontrez votre confiance en vous et votre respect pour les opinions et les sentiments des autres. Cela peut améliorer considérablement vos relations interpersonnelles et renforcer votre confiance en vous dans d'autres domaines de votre vie.

Garder le contrôle de ses émotions : Lorsque nous nous exprimons de manière assertive, il est important de ne pas laisser nos émotions prendre le dessus. Gardez un ton calme et ferme, et évitez de vous laisser submerger par la colère ou la frustration. Si nécessaire, prenez une pause pour vous calmer et respirer profondément avant de poursuivre la conversation.

———————————

En travaillant sur ces étapes, vous vous familiariserez avec le processus de communication assertive, et vous trouverez peut-être que cela deviendra de plus en plus naturel au fil du temps. En vous exprimant de manière assertive, vous démontrez votre confiance en vous et votre respect pour les opinions et les sentiments des autres. Cela peut améliorer considérablement vos relations interpersonnelles et renforcer votre confiance en vous dans d'autres domaines de votre vie.

C. Comment gérer les conflits de manière assertive

Les conflits font partie intégrante de la vie quotidienne, et savoir les gérer de manière assertive est une compétence clé pour développer la confiance en soi. Cependant, pour beaucoup de gens, les conflits peuvent être source de stress et de malaise. Lorsque nous ne savons pas comment gérer les conflits, nous pouvons nous retrouver dans des situations tendues et sans issue.

Afin de gérer les conflits de manière assertive, il est important de comprendre les enjeux et les besoins de chaque personne impliquée, ainsi que de maintenir un esprit ouvert et de communiquer clairement. En suivant ces étapes, vous pouvez apprendre à résoudre les conflits de manière constructive et positive.

- **Identifier les enjeux :** Avant de gérer un conflit, il est important de comprendre les enjeux et les besoins de chaque personne impliquée. Cela peut nécessiter un peu de recherche et d'investigation, mais c'est un élément clé pour trouver une solution durable. Si vous comprenez les motivations et les préoccupations de l'autre personne, vous serez en mesure de mieux comprendre la source du conflit et de trouver une solution qui réponde à tous les besoins impliqués.

- **Garder un esprit ouvert :** Lorsque nous sommes impliqués dans un conflit, il est facile de s'enfermer dans notre propre point de vue et de ne pas tenir compte de celui des autres. Cependant, pour résoudre un conflit de manière efficace, il est important de maintenir un esprit ouvert et de comprendre les perspectives des autres, même si vous ne les partagez pas. Cela signifie écouter attentivement ce que l'autre personne a à dire, poser des questions pour clarifier ses opinions et montrer que vous comprenez ses préoccupations.

- **Communiquer clairement :** Pour gérer un conflit de manière assertive, il est important de communiquer de manière claire et directe. Évitez les termes vagues et les sous-entendus, car ils peuvent facilement conduire à des malentendus et à une escalade de la situation. Au lieu de cela, formulez vos pensées et vos sentiments de manière concise et directe, sans être agressif ou sarcastique. Cela aidera à éclaircir les enjeux et à faciliter la recherche d'une solution.

- **Trouver une solution mutuellement acceptable :** Lorsque vous comprenez les perspectives des deux parties impliquées, vous pouvez commencer à trouver une solution qui réponde aux besoins de chacun. Cela peut signifier compromettre et trouver un terrain d'entente, mais c'est un élément clé pour une résolution positive et durable. Essayez de rester concentré sur les enjeux à résoudre plutôt que sur les personnes impliquées, et travaillez ensemble pour trouver une solution qui convienne à toutes les parties.

En utilisant ces étapes pour gérer les conflits de manière assertive, vous pouvez renforcer votre confiance en vous et améliorer vos compétences en matière de communication. Cela peut être difficile au début, surtout si vous n'êtes pas habitué à traiter les conflits de cette manière, mais avec de la pratique, cela deviendra une compétence que vous pourrez utiliser dans toutes les situations de la vie.

Cultiver des relations positives

La confiance en soi peut être renforcée par les relations positives que nous entretenons avec les autres. Nous sommes tous interconnectés et nos interactions avec les autres peuvent avoir un impact considérable sur notre estime de soi et notre confiance en nous. C'est pourquoi il est important de cultiver des relations saines et positives avec les personnes qui nous entourent.

A. Comment développer des relations saines

La confiance en soi est souvent renforcée par les relations positives que nous entretenons avec les autres. Les gens qui nous entourent peuvent avoir un impact considérable sur notre estime de nous-mêmes, ainsi que sur notre capacité à nous sentir en sécurité et en confiance. Pour développer des relations saines, il est important de cultiver la communication ouverte, la compréhension mutuelle et le respect.

Commencez par vous entourer de personnes positives qui vous apportent une énergie et un encouragement. Cherchez des amis et des partenaires qui vous soutiennent dans vos objectifs et vos aspirations, et qui vous apprécient pour qui vous êtes. Les relations saines sont souvent basées sur la confiance, l'honnêteté et le respect mutuel. Prenez le temps de connaître vos amis et de partager des moments significatifs avec eux. Évitez les gens qui passent leur temps à rabaisser d'autres personnes (que ce soit vous ou des tiers).

Il est également important de maintenir une bonne communication avec les personnes qui vous entourent. Écoutez attentivement ce qu'ils ont à dire et partagez vos propres opinions et sentiments de manière claire et ouverte. Évitez les conflits inutiles en résolvant les problèmes de manière calme et posée. Enfin, n'ayez pas peur de dire non aux personnes qui ne sont pas bénéfiques pour votre vie et votre bien-être. Les relations toxiques peuvent vous faire plus de mal que de bien.

B. Comment gérer les critiques et les commentaires négatifs sur soi-même

Les critiques et les commentaires négatifs peuvent être difficiles à gérer, mais ils peuvent aussi être des opportunités pour renforcer notre confiance en nous. Pour gérer les critiques et les commentaires négatifs de manière efficace, il est important de suivre les étapes suivantes :

- **Écouter attentivement :** Il est important de prendre le temps d'écouter les commentaires négatifs et de comprendre les motivations de la personne qui les exprime.

- **Évaluer leur validité :** Il est important de prendre du recul et d'évaluer si les commentaires négatifs sont fondés ou non. Si les commentaires sont fondés, il est important de les considérer comme une occasion d'apprendre et de s'améliorer. Si les commentaires ne sont pas fondés, il est important de les ignorer et de ne pas les laisser affecter votre confiance en vous.

- **Se concentrer sur les forces et les réalisations :** Il est important de se concentrer sur ses forces et ses réalisations pour renforcer sa confiance en soi. Se rappeler ses réalisations et de ses succès peut aider à minimiser l'impact des commentaires négatifs.

- **Communiquer avec confiance :** Si les commentaires négatifs sont injustifiés, il est important de les aborder avec confiance et de faire valoir votre point de vue de manière calme et posée.

C. Comment renforcer son réseau social

Il est crucial de cultiver des relations positives pour développer et maintenir sa confiance en soi. Avoir un réseau social solide peut non seulement améliorer notre bien-être émotionnel, mais peut également nous fournir un soutien lorsque nous en avons besoin. Cependant, établir et entretenir des relations saines peut parfois être difficile, surtout si nous avons peu confiance en nous. Dans ce chapitre, nous examinerons comment renforcer son réseau social et comment cultiver des relations positives.

———————————————

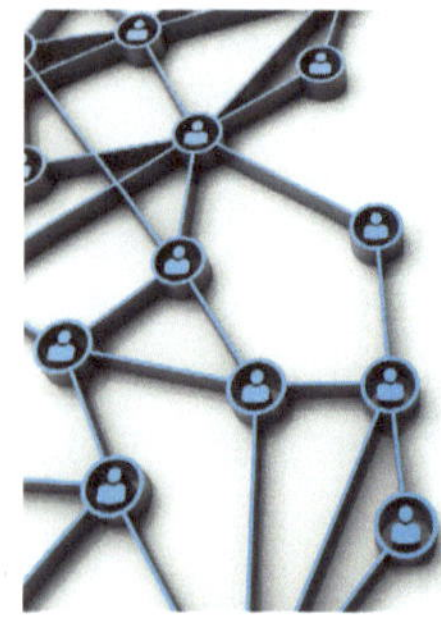

Tout d'abord, il est important de se rappeler que les relations positives sont basées sur la confiance et la transparence. Nous devons être honnêtes avec les gens avec lesquels nous voulons établir une relation et leur montrer que nous sommes dignes de confiance. Cela peut vouloir dire partager nos pensées et nos sentiments, ou simplement écouter lorsqu'ils parlent de leurs propres vies.

En outre, pour renforcer son réseau social, il est important de se joindre à des groupes ou des organisations qui partagent nos intérêts. Cela peut inclure des clubs de sport, des groupes de lecture, des clubs de bénévolat, entre autres. Non seulement cela nous donne l'opportunité de rencontrer de nouvelles personnes qui partagent nos passions, mais cela peut également nous aider à développer notre confiance en nous, en nous donnant l'occasion de participer à des activités ou des projets en groupe.

Il est par ailleurs important de maintenir une bonne communication avec les membres de notre réseau social. Cela peut vouloir dire organiser des sorties ou des activités ensemble, ou simplement prendre le temps de les appeler ou de les voir régulièrement. En maintenant une bonne communication, nous montrons aux membres de notre réseau que nous les apprécions et que nous sommes là pour eux lorsqu'ils en ont besoin.

En résumé, renforcer son réseau social peut être crucial pour développer et maintenir sa confiance en soi. Cela peut être accompli en établissant des relations basées sur la confiance et la transparence, en se joignant à des groupes ou des organisations qui partagent nos intérêts, en maintenant une bonne communication avec les membres de notre réseau, et en sachant demander de l'aide. En cultivant des relations positives, nous pouvons non seulement améliorer notre bien-être émotionnel, mais nous pouvons également être sûrs que nous avons des personnes là pour nous soutenir lorsque nous en avons besoin.

Conclusion

A. Récapitulation des principes clés

Le développement de la confiance en soi est un processus continu qui nécessite temps, pratique et persévérance. Au fil des chapitres, nous avons examiné les différents aspects qui contribuent à la construction de la confiance en soi, notamment la compréhension de ses propres pensées et croyances, l'amélioration de son estime de soi, l'affrontement de ses peurs et incertitudes, le développement de son assertivité et la cultivation de relations positives.

En résumé, pour développer votre confiance en vous, il est important de :

- Identifier vos pensées négatives et les remplacer par des pensées positives
- Se faire des compliments régulièrement et identifier ses forces et réalisations
- Affronter ses peurs et incertitudes en prenant des petits risques à la fois
- S'exprimer de manière assertive et gérer les conflits de manière efficace
- Cultiver des relations positives et gérer les critiques et commentaires négatifs

B. Conseils pour maintenir et renforcer la confiance en soi

Développer sa confiance en soi est une tâche à long terme qui nécessite de la persévérance. Il est important de continuer à mettre en pratique les stratégies apprises au fil du livre. Voici quelques conseils pour maintenir et renforcer votre confiance en vous :

- Écrivez une liste de vos réalisations et de vos forces et relisez-la régulièrement
- Pratiquez la gratitude en étant reconnaissant pour les petites choses positives dans votre vie

- Surmontez vos peurs en prenant des risques régulièrement, même si ce n'est que de petits pas
- Entourez-vous de personnes positives qui vous soutiennent et vous encouragent
- Prenez soin de vous en pratiquant une activité physique, en mangeant sainement et en vous accordant du temps pour vous détendre

C. Encouragement à poursuivre sur la voie du développement de la confiance en soi.

Il est important de se rappeler que le développement de la confiance en soi n'est pas une destination à atteindre, mais un voyage continu. Il y aura toujours des défis et des obstacles sur votre chemin, mais en poursuivant les stratégies décrites dans ce guide, vous serez en mesure de les surmonter et de vous sentir plus confiant et en paix avec vous-même.

N'oubliez pas que votre confiance en vous n'a pas besoin d'être parfaite, elle peut évoluer et s'améliorer au fil du temps. Il est important d'être patient avec soi-même et de ne pas se décourager lorsque les choses ne se passent pas comme prévu. La confiance en soi est un processus continuel et il est normal d'avoir des hauts et des bas.

Il est également important de se rappeler que le développement de la confiance en soi ne se produit pas par magie, mais requiert du temps, de l'effort et de la persévérance. Il est donc important de pratiquer régulièrement les stratégies décrites dans ce livre pour construire et maintenir votre confiance en vous.

En conclusion, le développement de la confiance en soi est une entreprise valable qui peut faire une grande différence dans votre vie quotidienne. En mettant en pratique les stratégies décrites dans ce livre, vous pouvez développer une confiance en vous solide et vivre une vie plus heureuse et épanouissante. Alors, n'hésitez pas à vous lancer sur cette voie et à explorer votre plein potentiel.

Lève-toi et brille !